图书在版编目（CIP）数据

西安漫游记 / 华星著 ; 丁友情绘. — 石家庄 : 河北少年儿童出版社, 2024.7.（2025.3重印）— (大中华城市漫游记).
ISBN 978-7-5595-6403-0

Ⅰ. K924.11-49

中国国家版本馆CIP数据核字第2024JM4315号

大中华城市漫游记
西安漫游记
XI'AN MANYOU JI

华 星 著　丁友情 绘

出 版 人	段建军	美术编辑	穆 杰　温若迪
选题策划	李 爽　赵玲玲	特约编辑	王新军　梁 容
责任编辑	李卫国	装帧设计	赵 晨

出版发行	河北少年儿童出版社
地　　址	石家庄市桥西区普惠路6号　邮政编码 050020
经　　销	新华书店
印　　刷	鸿博睿特（天津）印刷科技有限公司
开　　本	787 mm×1 092 mm　1/8
印　　张	5
版　　次	2024年7月第1版
印　　次	2025年3月第2次印刷
书　　号	ISBN 978-7-5595-6403-0
定　　价	49.80元

版权所有，侵权必究。
若发现缺页、错页、倒装等印刷质量问题，可直接向本社调换。
电话（传真）：010-87653015

大中华城市漫游记

西安漫游记

华 星 著
丁友情 绘

河北出版传媒集团
河北少年儿童出版社
·石家庄·

西安，简称"镐"，古称长安，是陕西省省会。它还是古代丝绸之路的东方起点，中华民族和古老东方文明的发祥地之一，历史上先后有十三个封建王朝在此建都，历史文化底蕴深厚。

　　到西安的第一站，当然要先去游览古城墙了，现存的西安城墙主体始建于明朝，是在原隋唐长安城皇城墙的基础上进行的扩建和重修。走近城墙，灰色的墙面刻满了风霜与沧桑，仿佛在静静地诉说着历史的过往。

登上城墙，放眼望去，城墙内是成群的古建筑和仿古建筑，城墙外是现代化的高楼大厦，城墙就好像是时光的分界线，一侧是遥远的过去，一侧是繁华的现在。

"看，有人在城墙上骑自行车呢！"安安说。

"哇，太酷啦！我也好想在城墙上骑自行车。"华华兴奋地回答道。

我是华华，我喜欢探索全国的城市，发现每座城市的美好。

我是安安，我将带你游览我的家乡——西安！

2

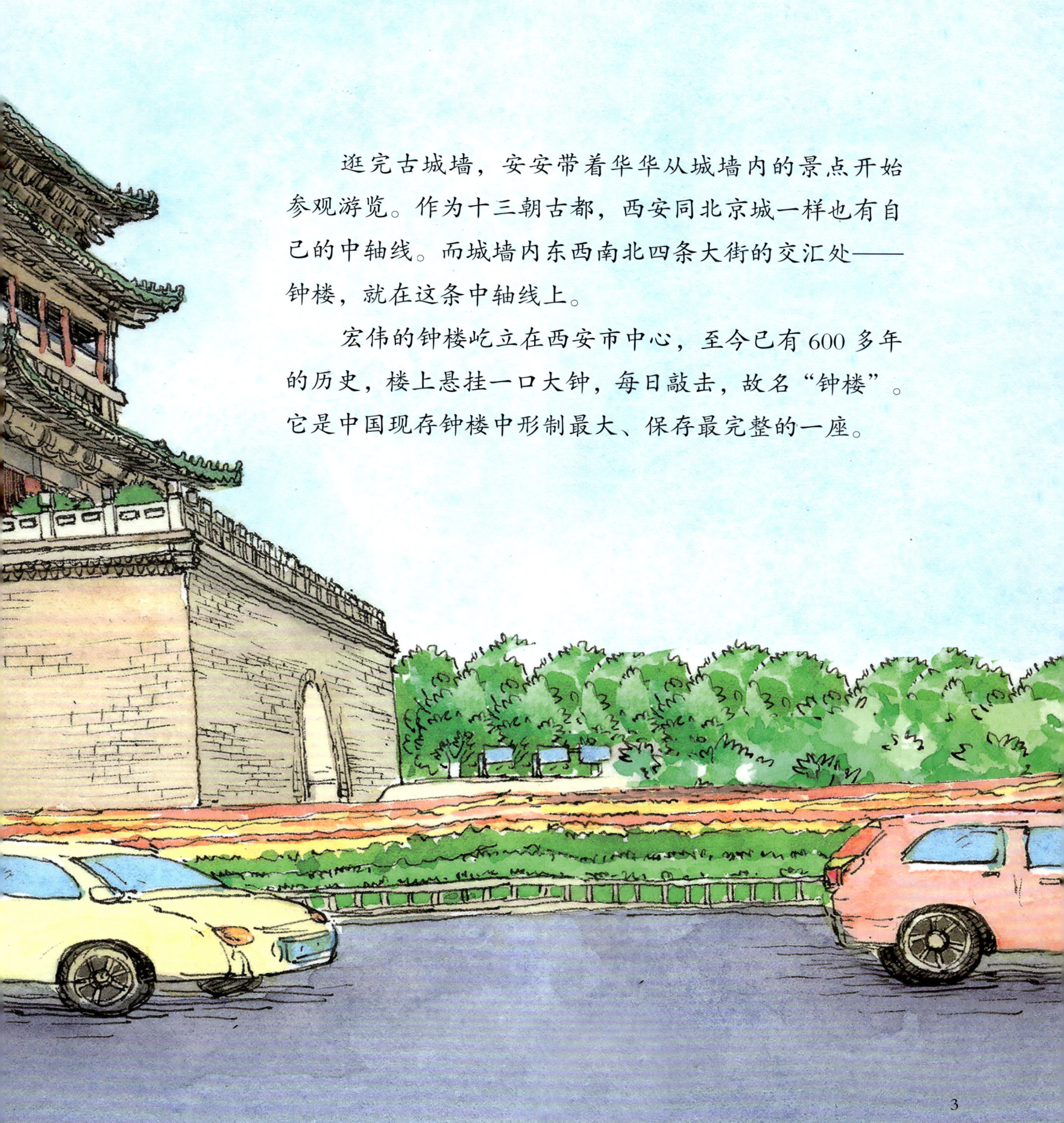

逛完古城墙，安安带着华华从城墙内的景点开始参观游览。作为十三朝古都，西安同北京城一样也有自己的中轴线。而城墙内东西南北四条大街的交汇处——钟楼，就在这条中轴线上。

宏伟的钟楼屹立在西安市中心，至今已有600多年的历史，楼上悬挂一口大钟，每日敲击，故名"钟楼"。它是中国现存钟楼中形制最大、保存最完整的一座。

距钟楼西北方不远处，就是鼓楼。鼓楼和钟楼就像是一对孪生兄弟，远观近视，都透露出威仪、庄严。

"在古代，钟楼和鼓楼有什么作用呢？"华华问。

"你听过'晨钟暮鼓'吧！钟和鼓都是古代用于报时的工具，白天报时叩钟，夜间报时击鼓。除此之外，主要还有发布启闭城门和发出报警信号的作用。"安安回答道。

在鼓楼北边,是西安有名的回坊风情街(回民街),两旁的小吃店悬挂着各式各样的霓虹招牌,各色美食更是香味四溢,有灌汤包、羊肉泡馍、金线油塔、镜糕、甑(zèng)糕……华华看得口水都要流出来了,肚子也在咕噜咕噜地叫。

灌汤包

羊肉泡馍

镜糕

金线油塔

西安碑林博物馆，位于南城墙魁星楼下，是在具有900多年历史的"西安碑林"的基础上，利用文庙古建筑群扩建而成，被誉为"东方文化的宝库""书法艺术的渊薮（sǒu）"。

馆中陈列的历代碑石，以其丰富的文化内涵，书写着中华民族的历史，一点一横、一撇一捺都蕴藏着中华民族的精神，令人着迷，又让人肃然起敬。

安安指着唐代的十二经刻石——《开成石经》，问华华："古代书籍大多是手抄本，很容易出错。你知道怎样防止考生的备考用书出现错误吗？"

华华摇了摇头。

安安学着老夫子的样子说："为了防止传抄过程中出现错误，朝廷下令刻了《开成石经》，包含了当时儒家十二部重要的典籍，也成为当时最权威的范本，相当于朝廷审定的考试用书。读书人将《开成石经》的文字拓印下来，装订成册使用，就可以防止内容出错了。"

他们又来到位于钟楼东北方向的永兴坊，这里紧临东城墙的中山门，是陕西著名的非遗美食文化街区。潼关肉夹馍、汉阴炕炕馍、柞（zhà）水洋芋糍粑、三原疙瘩面、泡泡油糕等美食不仅让华华大饱口福，更有地道的秦腔等特色演出让华华大开眼界。

汉阴炕炕馍　　潼关肉夹馍　　泡泡油糕

柞水洋芋糍粑

游览完城墙内的景点，华华和安安从钟楼一路向北，出安远门，来到了大明宫国家遗址公园。大明宫是唐朝长安城中最宏伟壮丽的宫殿建筑群，被称为"中国宫殿建筑的巅峰之作"。

可惜，大明宫被毁于唐末战乱，只留下残垣断壁在讲述着大唐王朝的故事。著名诗人王维用"九天阊阖（chāng hé）开宫殿，万国衣冠拜冕旒（miǎn liú）"向世人描绘出了大唐鼎盛时期的气象，将大明宫的辉煌，永远留在了历史的记忆中。

从大明宫国家遗址公园出来，往西北走，就来到了汉城湖景区。汉城湖，曾为长安城的护城河及古漕运河道，也是历史上著名的第一条关中漕渠，主要用于运送粮草、军事防御等。景区以展示水文化、汉文化为主题。安安和华华看着眼前的"封禅双阙"建筑，思绪仿佛回到了汉朝。

游览完汉城湖景区，他们又来到了汉长安城未央宫遗址。未央宫始建于公元前200年，从汉高祖时期到唐朝末年，未央宫曾先后作为八个朝代处理政务的地方，存在了1000多年，是中国历史上使用朝代最多、存在时间最长的皇宫。张骞第一次出使西域就是在未央宫领取的旨意，因此未央宫成为古代丝绸之路的东方起点。不幸的是，未央宫与大明宫一样也被毁于唐末乱世。

"未央宫中花月夕，歌舞称觞（shāng）天咫尺。"华华和安安一边漫步在遗址之上，一边感叹道，"好可惜啊！昔日未央宫中的歌舞升平，如今只能借由这残存的历史遗址，来想象那盛世繁华的景象。"

回到钟楼往南走，出永宁门，有两所著名的高等学府，东南角是西安交通大学（兴庆校区），西南角是西北工业大学（友谊校区），这两个校区都是老校区，是莘莘学子梦寐以求的理想大学。西安，作为中国西北地区的教育重镇，拥有众多高等学府，每年为国家培养输送大量专业人才，为科技进步和社会发展做出了重要贡献。

他们走进西安交通大学（兴庆校区）参观。安安自豪地对华华说："我爸爸就是从这里毕业的。"华华敬佩地说："好厉害啊！等我长大了，也要到西安交通大学上学。"

安安笑着说："那我们就一起努力学习吧！"

从美丽的大学校园出来,为了进一步满足华华的求知欲,拓宽视野,增长见识,安安带着华华来到了西安博物院。

西安博物院由博物馆、唐荐福寺遗址和小雁塔三部分组成，在这里不但可以观看到西安地区出土的各时期珍贵的历史文物，还可以聆听寺内敲响的悠扬的"雁塔晨钟"之声和欣赏秀丽的园林景观。安安带着华华在这里边走边看，流连忘返。

从西安博物院出来，往东南方向走，便是陕西历史博物馆了。陕西历史博物馆是中国第一座大型现代化国家级博物馆，共有藏品170多万件，被誉为"古都明珠，华夏宝库"。在这些藏品中，以见证礼乐文明的商周青铜器、千姿百态的历代陶俑、重现盛世气象的汉唐金银器和举世无双的唐墓壁画最具盛名。

华华盯着五祀卫鼎、镶金兽首玛瑙杯、三彩载乐骆驼俑等珍贵文物沉浸其中，仿佛穿越回了古代，与古老的文明和历史展开了一次深邃而美妙的对话。

五祀卫鼎

错金杜虎符

镶金兽首玛瑙杯

三彩载乐骆驼俑

大雁塔，又名"慈恩寺塔"，位于陕西历史博物馆的东南方向，是西安这座历史文化名城的标志和象征，坐落在西安市区南部大慈恩寺内。唐代诗人岑参赋诗："塔势如涌出，孤高耸天宫。登临出世界，蹬道盘虚空。"称赞大雁塔的气势恢宏。走进大雁塔，浓烈的历史气息扑面而来，墙面上的每一处斑驳，都映衬着岁月的光辉。

"哇，好雄伟的塔啊！当时为什么要修建大雁塔呢？"华华若有所思地问。

"相传是为了保存唐朝三藏法师玄奘从天竺带回来的经书、佛像和舍利而建。"安安回答道。

"春风得意马蹄疾，一日看尽长安花。"坐落在大雁塔脚下的大唐不夜城步行街是以盛唐文化为背景、以唐风元素为主线的地标性景区，也是西安唐文化展示和体验的首选之地，被誉为"中国的盛唐天街"。天街的中央景观大道是一条贯穿南北的雕塑景观步行街，展示了一代帝王、历史人物、英雄故事为主题的大唐群英谱雕塑群，多维度地再现了盛世时期大唐的风范。

每到夜晚，这里灯光璀璨，流光溢彩，游人如织，熙熙攘攘。漫步在这盛景之中，华华和安安尽情地享受着来自长安城的浪漫，音乐喷泉、网红餐厅、唐风演艺，如梦如幻。两人仿佛徜徉在中外文化融合的世界里，再一次感受到了中华文明开放包容、海纳百川的文化氛围。

大唐芙蓉园，位于大雁塔的东南方，与大雁塔遥遥相望。它是在曲江原址上仿造唐代皇家园林重建的，这里的每一座亭台楼阁都有自己独特的美，特别是紫云楼，雕梁画栋，殿宇雄伟，是大唐芙蓉园里最高大的建筑。园内的一砖一瓦、一草一木，无不体现着博大精深的唐文化，如诗如画，让人心旷神怡。

"这可是中国第一个全方位展示盛唐风貌的大型皇家园林式文化主题公园，也是中国最大的仿唐朝皇家建筑群，被称为'盛唐主题天下第一园'！"安安自豪地说。

"哇，太厉害了！"华华情不自禁地赞叹道。

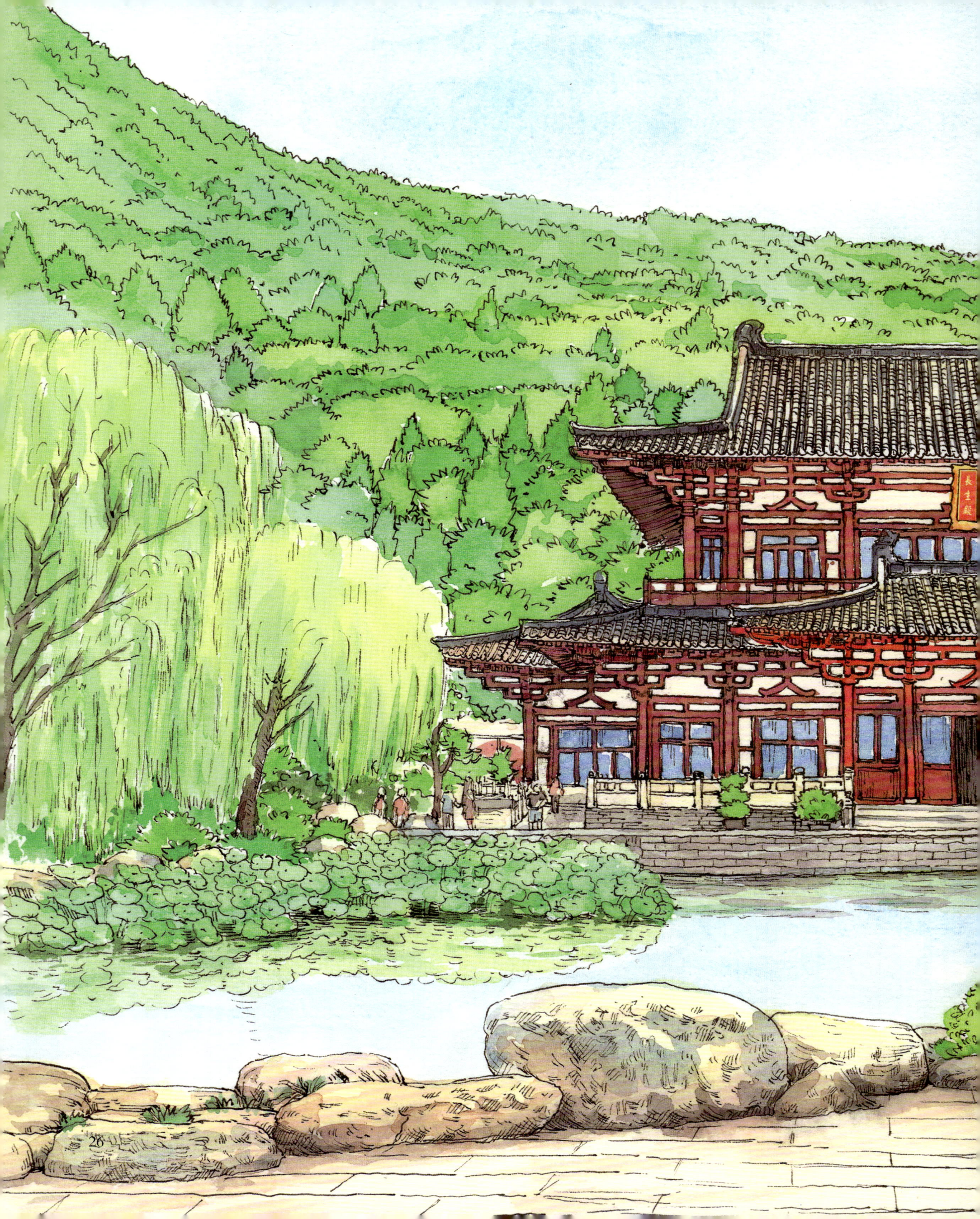
長生殿

在距西安市区30多公里的远郊有著名景点华清宫和秦始皇兵马俑博物馆。华清宫位于西安城东临潼(tóng)区，南依骊山，北临渭水，风光旖旎，自古有着丰富的温泉资源，周、秦、汉、隋、唐等历代帝王在此处修建离宫别苑。

"这里也是历史上著名的'西安事变'的发生地哦！"安安补充道。

秦始皇兵马俑博物馆位于西安市临潼区秦陵镇，在华清宫景区的东边，是在兵马俑坑原址上建立的遗址类博物馆。进入博物馆，华华惊奇地发现，每个陶俑的装束、神态都不一样，发式也有很多种，手势也各不相同，面部的表情更是各有差异，气势丝毫不逊于真正的千军万马，真是太震撼了！

　　站在"千人千面"的兵马俑面前，仿佛穿越到了秦始皇时代，真切地感受到秦横扫六国的磅礴之势。

29

时间过得真快，马上就要离开西安了。离开之前，安安还邀请华华去观看了皮影戏"三打白骨精"呢！粗犷豪迈的唱腔，灵动的皮影操纵技巧，真是令人回味无穷。

"谢谢你，安安，让我在这么短的时间对西安这座历史名城有了更深入的了解。再见，安安！"

"再见，欢迎你再来西安！"

知识拓展

秦　腔

别称"梆子腔""陕西梆子",国家级非物质文化遗产之一。秦腔起源于古代陕西、甘肃一带,因周朝以来,关中地区就被称为"秦",秦腔由此而得名。秦腔的表演技艺朴实、粗犷、豪放,富有夸张性,生活气息浓厚,技巧丰富。

大明宫

大唐帝国的大朝正宫,唐朝的政治中心和国家象征。整座宫殿的规模宏大,建筑雄伟,自唐高宗以来,先后有十七位唐朝皇帝在此处理朝政。晚唐时被毁于战乱。

未央宫

西汉帝国的大朝正宫,汉朝的政治中心和国家象征,存世1041年,是古代丝绸之路的东方起点,也是中国历史上使用朝代最多、存在时间最长的皇宫。唐朝末年,因战乱沦为废墟。

小雁塔

又称"荐福寺塔",建于唐朝景龙年间,是唐代密檐式砖塔中的代表建筑,与大雁塔同为唐朝长安城保留至今的重要标志。塔身为四方形,青砖结构,原为15层,经多次地震损坏,又多次整修,现存13层,历经1300多年,至今整体完好。

兵马俑

秦始皇帝陵的陪葬坑内,陪葬有和真人、真马大小相似的陶俑、陶马。有车兵、骑兵和步兵等不同的兵种。兵马俑的塑造,是以现实生活为基础而创作,艺术手法细腻、明快,陶俑装束、神态各异,是中国古代雕塑艺术史上的一颗明珠。秦兵马俑坑被誉为"世界第八大奇迹""二十世纪考古史上的伟大发现之一"。